AF546805

FSC
www.fsc.org
MIX
Papier aus verantwortungsvollen Quellen
Paper from responsible sources
FSC® C105338

OLAF TRUNSCHKE

# SCHÖNE BESTIEN

BETRACHTUNGEN

AMOK:BOOKS

AMOK:BOOKS

## ZOO

Wir leben in einem Käfig aus Angst. Sein Gitter ist uns ins Fleisch gewachsen: Unser kraftvoller Gang, unser stolzer Blick verdanken sich der Stützkraft der Stäbe: Macht, Geltung, Ansehen ... – Die Stütze zu verlieren, ist unsere größte Angst. Und die Angst ist unser Käfig.

# FREIGEHEGE

# DER UNGLÜCKLICHE ENGEL

Lange hatte der Engel der Freiheit gelegen, die Flügel verklemmt, den Kopf unnatürlich zurückgebogen, so daß er jeden Laut deutlich vernahm: zaghaftes Flüstern, empörte Stimmen, Geschrei, Schüsse und Hundegebell.

Zaghaftes Flüstern, Poltern, Kratzen, Motorenlärm – und plötzlich lag er unter einem stahlblauen Himmel, oben auf den Trümmern, die ihn vorher begraben hatten.

Als er sich zaghaft erhob, aufrichtete, probehalber zu einem ersten Flügelschlag ansetzte ... merkte der Engel der Freiheit, daß er noch immer lag. Seine beiden Flügel sich nicht rührten; kein bißchen. Er war Stein geworden.

Der Kalk der Trümmer, die auf ihn gehäuft gewesen waren, hatte ihn durchtränkt. Und er fand seine letzte Ruhe in einem stillen Park, auf einem schönen, schlichten Sockel, von Linden umschattet: Die Flügel noch immer gefaltet, den Kopf keß in den Nacken geworfen, wie kurz vor dem Start.

## ODYSSEUS: HELD OHNE HALT

Noch immer abends trat Odysseus an Deck: der hilflose Blick nach den Sternen, die doch das Steuer nicht mehr führten. Etwas wie Ahnung lähmte ihm die Zunge. Kaum traute er sich noch unter seine Leute.

So verschloß er mit Wachs die Ohren der Matrosen, als ihr Schiff sich der Insel näherte, von deren Ufer fröhlicher Gesang herüberwehte.

Befremdet sah er die Frauen am Wasser. Fuhren sie nicht als Fremde zurück? Unfähig der täglichen Pflichten. Der Liebe entwöhnt ? Und ihre eigenen Weiber? – Längst lagen sie anderen bei. Vergessen ihr Andenken.

Das alles begriff Odysseus plötzlich! Und die Verlockung des Gesangs: aufzugeben, die Schiffe versenken. Zu siedeln in der Fremde. Und vergessen. Vergessen, – was doch nur sie berichten konnten, die verlorenen Sieger.

Deshalb erfand er seiner Mannschaft jene Lüge. Deshalb ließ er sich an den Mast binden: selbst durch die Fesseln nur gerettet, da ihm diese Wahrheit widerfuhr.

## TRAUMMEUTEREI

Wir nahmen das Schiff im Handstreich. Die Offiziere waren von Bord. Es war Wochenende.

Gewehre und Pistolen lagen zur Hand. Patronen griff jeder, soviel er zum Sterben brauchte.

Noch nahm auf dem Kai keiner Notiz.

Im größten Raum – wahrscheinlich die Messe – beriet sich das Tribunal und formulierte die Anklage: Auf Urteile beschlossen wir zu verzichten. Wir wollten keine Helden mehr sein.

Künftig bleibt das Schiff vor Anker.

Wir fürchten, was nun kommt.

Vielleicht geschieht: nichts, keine Notiz in der Presse. Vielleicht, daß sonntäglich die Ausflügler aufs Schiff kommen, uns zu besichtigen: seltene, wunderliche Tiere. Vielleicht fahren Panzer auf und schießen uns zu Klump. Vielleicht regnet es Raketen.

Vielleicht bleibt das Klatschen der Wellen am Kai. Jedenfalls: Das Ende der Geschichte ist todsicher und auch Erwachen kein mildernder Umstand.

## DEUTSCHE IKARUS

Daidalos aber, der in Dessau für allerlei Flugzeug eine bekannte Werkstatt betrieb, verweigerte sich dem Bau solcher Vögel. – Verstoßen aus dem Mythos, lebte er noch zwei Jahre in einsamem Labyrinth und starb zur rechten Zeit. Seine Söhne indes erhoben sich – über die Erde, ins Licht, wo ihr Halt, wie bekannt, dahinschmolz und sie brennend niedergingen. Ihr Gefieder trug ein schwarzes Kreuz.

## LILIENTHALS FLUGVERSUCH

Aufgestiegen im gefährlichen Gefährt, entgegen dem Gewicht des behäbigen Bauches und ausgeliefert der Freiheit des Fluges, werden nichtiger die tristen Täglichkeiten, segelnd im Wechsel der Winde, und weitere Sichten eröffnen sich dem Blick, nur so, obwohl gewärtig stets des möglichen Sturzes.

## VILLONS TESTAMENT

Versauft mein Fell, welches zu Markt ich täglich trug für karges Mahl, an Lohnes statt, das mir das Maul nicht stopft, denn erst wenn ich ins Gras gebissen hab – jenes ich wachsen hören kann – macht mich wohl eine Hand voll Erde satt.

Auch war mein Fleisch zuweilen schwächer doch als der Verstand – manches Gelage legte auf die Bretter mich oder in unbekannte Betten: Oft war ein Rock mir näher als die Hose; es ist nicht gern allein wer einst geschlafen in des Henkers Schoß, den Strick gewachsen um den Hals schon lose – drum sei mein Totentuch als Fahne euch geschenkt, die ihr am liebsten gleich mich aufgehängt.

Wem ich die Schnauze schlug – ich nehme jetzt zurück die Schellen, es möge schließlich mancher mir manch Schimpf verzeihen. Und wem ich einen Zehner schulde noch, dem zahl ich gern die Zeche heim, was ich verschwiegen ruf ich heute alles wider – ausgenommen euren Fluch und meine Lieder!

## DAS BERGWERK

Schon waren die Nachrufe verhallt, als aus dem Nachlaß wir den Plan zutage förderten: Gliederung und Gedanken zu einem Roman über die Arbeit unter Tage, wo die Häuer das Erz brechen, rauh und beharrlich. – Eine Tätigkeit, der seinen ähnlich, da auch er Meter um Meter die Stollen vorantrieb: in die Tiefe, die dunklen Bereiche – wo jeder Stein ein Stein des Anstoßes ist, jeder Funke die Gefahren des Schlagwetters beschwört.

Und doch schien es, als könnten sie – die Männer des Kupfers und der Mann des Papiers – auf keiner Strecke sich begegnen, so daß er letztlich das Vorhaben aufgab.

Längst hatten wir das Unterfangen zu den hinterlassenen Unterlagen gelegt, als klar wurde und an dumpfer Unruhe und Erschütterungen spürbar: Sein Leben selbst war das Bergwerk.

Nur herrscht noch keine Einigkeit: Sind es brechende Stützen und Streben? Oder sind andere eingefahren in die verwaisten Schächte? Und treiben nun fort die Stollen, weiter – der Wahrheit zu: ausgesetzt allen Gewalten dieses unbeschreiblichen Gewerbes.

## PSALM 4711.

Mein GOtt: Wer nur hat den führenden Köpfen so ins Gehirn geschissen, daß es zu stinken beginnt, wenn sie nur's Maul aufmachen; woher, mein GOtt, diese braunen Gedanken?

Klowärter kandidieren für öffentliche Ämter. Mit Bürste und Lappen beseitigen sie jedes Problem. Unsere Bedürfnisse sind bei ihnen am rechten Örtchen.

Schon sind die Tribünen kaum noch zu unterscheiden von den Abtritten. An den Masten wehen die Fahnen der Globus-Geruchsverbesserer. Die Zeitungen, täglich frisch auf Dufttücher gepreßt, zitieren Darmgeräusche: Die Verdauungslage der Nation ist gesund.

Diese Erde, mein GOtt, ist ein Scheißhaus: Spülung. Sintflut. Deckel zu.

## TRINKEN MIT TRAKL

Abseits der feuchten Feste sitzend und im Schatten, füllt schweigend uns der Schnaps den Schädel, derweil an fremden Tischen fade Witze fallen, da ist das Maß bald voll. Ein armer Hund versäuft die letzte Haut, es geht zur Ernte auf das Feld der Ehre, schon laufen in Stiefeln die Gedanken um den Tresen – bald deckt das Laken mancher Lust die einst geliebte Leiche, es bleiben schließlich Alp und Alkohol – so rinnt uns das Vergessen durch die Kehle, Glas um Glas, wir haben zu verlieren nichts, denn den Verstand, der aber zählt nicht, wo nur bare Münze zahlt, wir trinken Trost.

## ROBINSON: NR. 3

Meine Insel liegt am Ende des Flurs. Früh, mittags und am Abend kommt Freitag und bringt mir das Essen. Morgens begleiten ihn andere Wilde: Ihre Sprache freilich, grobe Floskeln, erlaubt kaum Verständigung. Farblos sind auch ihre Gewänder.

Sie leben in steinernen Halden. Dort suchen sie Zuflucht und Schutz: Es sind Heimatlose. Doch glauben sie an eine erlöste Zeit, verehren magische Maschinen: Ihnen werden – zuweilen auch blutige – Opfer gebracht.

Armes, ängstliches Volk. Alles Fremde betrachten sie feindlich: Ich spür ihre Blicke. Freitag verriegelt im Geh'n meine Insel. Vor dem Fenster zwitschert ein Schiff.

# KURSBUCH

Zwischen Vorgestern und Übermorgen verkehrt keine Bahn. Wer, wie wir, zwischenzeitlich wohnt, muß sehen wie er zurechtkommt.

Anfangs, da wir es nicht glaubten, trieben wir uns auf den Strecken herum, bereisten abseitige Orte: Bislang kehrten alle zurück.

Kein Bahnhof, in welcher Fremde auch immer, versprach hinterm Ausgang bessere Zeit. Soviel Ziele auch der Fahrplan verhieß: Wir blieben Gefangene im Streckennetz.

Und so vermuten wir heute geheimes Geleise, das in keinem Kursbuch steht, oder eine Reise aber, die ganz anderer Wege bedarf, abseits dieses ehernen Strangs.

## MAGALHAES

Fern der schützenden Küste und ausgeliefert den wendigen Wettern, sinkt auch mit dem Spiegel des fauligen Wassers im Kessel der Mut, geplagt von Durst und Skorbut. Unterwegs zu Ländern jenseits der Horizonte, noch von keines Weißen Fuß betreten; daher entlang nicht der Ufer sondern übers Meer, vertrauend Wasser und Wind, den nützlichen Feinden.

## LOGBUCH

Die Antipoden, wissen wir, leben mit den Füßen nach oben – den Blick im Staub, dienen ihnen Würmer und kleinere Nager zur Speise. Wie diese hausen sie in der Erde in Höhlen.

Wie anders unsere Haltung: beide Beine fest auf der Erde, stolz erhobenen Hauptes – ist doch die Heimat das Zentrum der Ordnung.

Nach der Landung, hocherstaunt, erblickten wir die Eingeborenen uns jedoch ähnlich: keineswegs auf den Händen gehend, nirgends Kopfstände vollführend.

Ganz wie wir über unsere Straßen wandeln, bewegen sie sich, ohne dessen bewußt zu werden: mit Kopf, Hals, Armen und Beinen – hängend über Bodenlosem.

Schon wagen wir kaum noch Ausmärsche; stets besorgt, bei jedem Schritt, das bißchen Halt zu verlieren.

## MAHLSTROM

Mir träumte ein Schiff. Und ich – ein stolzer Matrose, aufrecht im Mastkorb – erblickte als erster das neue Land. So schwebten wir hin.

Üppige Inseln streiften unsere Route, warme Strömung. Sperrten Riffe schroff den Kurs, lag doch das Steuer sicher in meinen Händen: Schon kannte ich einzelne Atolle. Bald grüßte von der Brücke mein Blick vertraut jedes Ufer. So jagten wir über die Meere.

Die mächtigen Motore gehorchten aufs Wort. Nur Pflicht hielt mich auf dem Posten. Das Schiff wußte den Weg.

Noch manchmal erkannte ich die Schemen des Festlands. Aber, daß nirgends ein Schlund sichtbar auftauchte, wunderte mich. Und daß kein Erwachen kommen will. Kein Erwachen.

# GOLDWÄSCHER

Knietief standen sie im Wasser. Flußauf, flußab hatten sie den Spaten angesetzt. Sogar zur Quelle waren sie vorgestoßen.

„Nächste Woche", sagte endlich der eine, „gehe ich zurück. Ein Späterer wird die Ader finden. Zeitungen werden seinen Namen in alle Straßen spucken. Jeder kennt sein Gesicht. Einer der nicht erst sucht, wo wir schon gescheitert sind. Städte werden entstehen. Eisenbahnen. Und dann, von den Gipfeln der Häuser herab, war alles ganz einfach gewesen."

Ihre verwitterten Gesichter starrten zum ungezählten Mal auf die übrigen Kiesel in der Pfanne, doch da war wieder kein Schimmer. „Ich komme mit", murmelte der zweite. Der Herbstwind griff kalt ins Laub. Sie wußten: irgendwo hier mußte Gold sein.

## UTOPIA

Jenseits der Ufer, wo die weißen Kleckse sich häufen auf der Karte, vermuteten wir die Insel: Wie bauschte uns Hoffnung die Segel!

Doch welch abseitige Orte wir auch bereisten – nirgends öffneten sich uns üppige Strände, kein wunschloses Volk wohnte hinter den Klippen. Aufgeschreckt, witterten wir überm Fusel Dampf oder Diesel, empfing uns doch wieder kein heimischer Hafen. Später hielten wir unser Schiff auf fremde Planeten: unwirtliche Atolle allsamt.

An Deck, nach einsamem Dienst, begegnen wir einander, spähen auf die Monitore, wo wir unsichtbar die Erde wissen, ins Geflirr, als ob dort, zwischen den Sternen, die Antwort stünde ...

## DIE ULYSSER

Vom Samen des Odysseus, der auch während seiner wirren Fahrt allerhand Weiber geschwängert, sobald nur das Schiff ein Ufer erfaßte, stammt ein verstreutes Geschlecht, das die Legende vergaß.

Zahlreiche Söhne und Töchter lebten in fremden Ländern, zeugten Erben, und diese wiederum Enkel, so daß auch der Fluch sich fortpflanzte von einem auf das nächste Glied. Kaum der Brust entwöhnt, ergriff sie die Ferne. Früh flohn sie den Herd; und strichen, zwischen den trojanischen Kriegen, durch die Städte.

Kaum aber, daß sie sich anschickten seßhaft zu werden, ein Gewerbe ergriffen, um am Abend, wie jedermanns Art, beschaulich der Tage zu gedenken, trieb es sie fort. Nirgends konnte es sie halten.

Unzufrieden stürmten sie immerzu weiter und fanden doch, als läge sie gar nicht in dieser Zeit, ihre Heimat an keinem Ort. Und noch in unseren Tagen kann es geschehen, daß wir einem begegnen, wie jedermann sonst von Ansehen, und nur an den abschweifenden Blicken erkennen wir einander staunend: „Auch Du?!"

## ATLAS

Steht. Und schweigt. Und trägt wie Schuld auf die Schulter geladen: den Ballast dieses Balls. Vor unbefugtem Zugriff schützend mit den Armen umfangen; immer nur diese zitternden, wankenden Waden im Blick: So verrichtet er seine Arbeit. – Von der er nichts hat außer der Last, die er hält. An der er sich hält ...

So erträgt er, die uns trägt: diese Erde, in deren plattem Abbild wir zuweilen blättern; fahrig folgen unsere Finger fremden Flüssen, gleiten über vielleicht mächtige Massive, von denen nichts spürbar wird als die papierne Oberfläche der Karte, auf die wir in diesem Spiel schon alles gesetzt haben.

# EXOTENSCHAU

## LEGENDE

Vom Volk der Mörder ist nicht viel mehr geblieben als der Name, bei dem selbst uns noch tiefwurzelnder Schauder erfaßt und Abscheu.

Wahr ist, daß sie ihresgleichen verzehrten. Auch geschah es nicht aus Gründen des Glaubens, sondern: Ihnen galt diese – fremde, unverständliche Laute ausstoßende – Beute nicht höher als jedwedes Wild.

Von der Jagd fristeten sie ihr Leben. Die wechselnden, über die Zeiten immer trefflicheren Waffen verliehen ihnen über Sterbliches Gewalt. Jedoch stimmt es nicht, sie seien von besonderer Grausamkeit gewesen: Besuchten sie zuweilen einen Todeskampf, geschah es doch nur zur Bildung. – Daß sie aus der Haut der Kadaver Handschuhe fertigten, die in aller Welt gehandelt wurden, ist darum nicht verwerflich: tot ist tot.

Späte Sprosse brachten es gelegentlich zu Macht oder Ruhm: Die Geschlechter der Mörderkönige gründen sich auf ihnen, aber auch große Meister – die Verachtung irdischer Güter ermöglichte ihnen diese gewaltigen Bauwerke und jene kraftvolle Kunst, die wir noch heute bewundern.

## DAS HAUS AM RANDE DER SPRACHE

Die verwitweten Wörter wohnen in einer großen Häuserzeile am Ende der Sprache. Sie treffen sich im Park auf den Bänken und vor der Kaufhalle und reden und schwelgen in Erinnerungen an eine Welt, in der sie noch etwas bedeuteten. Und wer sie so hört, die verwitweten Wörter, der könnte wirklich glauben, es gäbe all das noch, was doch nur durch sie, die verwitweten Wörter, eine Weile noch fortwährt, mitten in den Sätzen.

## KAFKA UND DIE KLEINEN TIERE

Franz Kafka, der nach jahrelanger Krankheit an Tuberkulose starb, entwickelte in etlichen seiner Geschichten ein eigenartiges Verhältnis zu Käfern, Maulwürfen und ähnlichem Getier: Ganz und gar wehrlos in einer Welt, die ihn mit ihren stickigen Büros und übermächtigen Familien bedrohte, machte er sich klein, bis niemand ihn mehr bemerkte. So lernte er das Leben der geringen Tiere kennen, in deren flachem Blick Kiesel wie Berge sind und wir Menschen, unsichtbar groß, schon nicht mehr vorkommen. So gewann er, bereits zum Tode krank, einen Begriff von dem, was wir Schicksal nennen: daß da einer vielleicht nur gedankenlos seiner Wege geht – und er, der Käfer, nicht einmal den Fuß sieht, der ihn zertritt.

# DER GULUMBO

Der Gulumbo – in Amerika, Asien, Europa beheimatet, aber auch in Teilen Afrikas und gelegentlich in Australien anzutreffen – legt seine Eier vornehmlich in Früchte und Fleisch. Mit den Speisen aufgenommen, nistet sich das Ei in der Darmwand ein: Wühlen in den Eingeweiden, Völlegefühl, innere Unruhe, die sich zu panikartigen Anfällen steigert, zeugen nicht selten von einer sich entwickelnden Gulumbo-Larve.

Glückt es dem Organismus nicht, sie abzustoßen, erreicht eine Gulumbo-Larve beachtliche Maße. Ein regelmäßiges Leben begünstigt ihre Entwicklung: Zumeist gelingt es der Larve, den Stoffwechsel des Betroffenen ganz auf eigene Bedürfnisse umzustellen. So überdauert sie eine Anzahl von Jahren.

Der Wirt verfällt, nach anfänglichem Widerstand, der Trägheit, wird willenlos, nimmt ein leicht gedunsenes Aussehen an. Erst wenn der Stoffwechsel langsam erstirbt, beginnt sich die Larve einzupuppen – vom Betroffenen als plötzliche, bestürzende Leere empfunden.

Mit dem letzten Atem entschlüpft auch der Gulumbo.

## EINE RACHE. DIE GANZE GRAUENVOLLE WAHRHEIT ÜBER BRAM STOKER

In späten Jahren, nachdem mancherlei Keil sein heimatloses Herz zerrissen, setzte in England sich schließlich der greise Dracula zur Ruhe und vertrieb sich die einsamen Stunden, da er es früher wild getrieben mit allerhand jungem Blut, durch Abfassen eines schaurigen Romans, darin ein Ungeheuer des nachts wehrlose Opfer heimsucht, sich von deren Blut nährend, so daß manch abgebrühter Bürger, der vormals Dracula, heruntergekommen und der Hilfe bedürftig, noch ausgesaugt und von der Schwelle getreten hatte, fürderhin keine Ruhe mehr fand, beim leisesten Knarren einer Diele wie gelähmt in seinen Daunen, aus Furcht, selbst Opfer zu werden einmal dieses Treibens – woran auf seine letzten Tage Dracula noch ein frommes Vergnügen hatte.

## NIBELUNGEN: ENDE.

Wir betraten die Lichtung, der Held und ich, erhitzt vom Lauf. Hagen folgte. Hier, sagte ich, wollen wir uns laben. Lege dein Schwert ab, Held. Unsere Waffen lagen noch im Wald.

Zuerst stillte ich meinen Durst. Dann Sifrit, als Sieger. Hagen ordnete die Kleider: Schwert, Bogen und Köcher des Helden. An der Linde lehnte sein Speer. Im Gras lag der Schild. Wir waren ohne Rüstung gelaufen. Sifrit blieb dennoch der Schnellere.

Unbesiegbar galt, seit er sich in Drachenblut gewaschen, der Held. Hagen spielte mit dem Speer. Leder, murrte er, ist seine Haut: der ewige Gewinner.

Ich saß im Schatten, dachte an die Jagd. Nichts Lebendes entkam. Zuletzt endlich baten die Bauern für ihren Wald um Gnade. Sifrit lachte.

Seit er sich unverletzlich wußte, wurde er selbst zum Drachen. Stiefel gestemmt in die Böschung. So stand der Held, über die Quelle gebeugt. Blut gerbt Gewissen, sagte Hagen.

Auch ich sah das Kreuz. Auf seinem Rücken, zwischen all dem Leder ... So fing es an.

## KRIMINALSTÜCK

In der Nachschrift zum „Namen der Rose" erwähnt Umberto Eco eine Aufstellung aller möglichen Krimi-Muster (der Mörder ist der Butler, der Mörder ist der Erzähler, der Mörder ist der Detektiv, usw. usw.), wobei herauskam: Es bleibt noch ein Buch zu schreiben, in dem der Mörder der Leser ist.

Dieser banale Einfall – ist doch jeder Leser ein heimlicher Mörder – gewinnt Reiz, wenn wir als Opfer den Autor denken.

Die Tat vor oder während der Niederschrift des Romans scheidet, da sie ihn rechtzeitig verhindert hätte, als Möglichkeit aus. Also: Das Buch ist geschrieben, gedruckt und verkauft. Der Mörder schreitet zur Tat ... Fraglich bleibt das Motiv.

Mißfallen? Langeweile? – Schon nach wenigen Seiten hätte der unmutige Leser das Buch beiseite geschoben – also auch nie erfahren, daß er zum Mord berufen ist.

Auch Treue zum Text kommt kaum in Betracht: ersetzt doch die papierne Handlung den wirklichen Mord, hemmt den Leser.

Bleibt einziges Motiv: Rache. Vergeltung für einen elenden Roman, für diesen albernen Einfall, der den verwöhnten Leser beleidigte – läse er das Machwerk.

Da aber auch dies nicht der Fall ist, im Gegenteil: er einen weiten Bogen schlägt um den bunten Einband – bleibt die Tat unvollzogen.

Der Roman demzufolge, wird nie geschrieben werden können und unerfüllt, was übrigens wir als Verleger auch bedauern, bleibt Eco's heimlicher Wunsch: „Der Autor müsste das Zeitliche segnen, nachdem er geschrieben hat. Damit er die Eigenbewegung des Textes nicht stört."

## KABINETTSTÜCK

In London unter einem Dach sind versammelt Mörder, Monarchen und zwischen ihnen – Orwell, der Schreiber. Gescheitelt und gekleidet in Anzug und Binder: so sitzt er am Tisch. Aufgebaut hinter ihm aus Nagelstiefeln, Helm und schwarzem Lederzeug: sein Geschöpf, unter dessen Schatten er sich duckt, über die Schreibmaschine, als läse er noch einmal, „... daß nie jemand die Macht ergreift in der Absicht, sie wieder abzutreten. Die Macht ist kein Mittel, sie ist ein Endzweck. ... Der Zweck der Verfolgung ist die Verfolgung. Der Zweck der Folter ist die Folter. Der Zweck der Macht ist die Macht." ... und spüre dabei bereits die schweren Tritte, den schmerzhaften Knüppel, immer näher, hinter sich schon in Gedanken – deren Polizei: wie um zu vollstrecken an ihrem Schöpfer dessen eigene Worte. Obgleich zur Bestätigung doch alle Zeugen – Helden und Henker, Sieger und ihre Sänger – anwesend sind: bloßgestellt; und wie erstarrt zu einer Wahrheit aus Wachs.

## GUILLOTINE

Wirklich: sie war ein Gelegenheitskauf. Gebannt schauten wir ihren hölzernen Leib: ganz glatt. Und glänzend. Und wie sie gähnte!

Stolz blähte uns die Brust.

In der Stadt – selbst dort, wo Glas und Marmor die Straßen pflastern – ist unser Dorf schon in aller Munde.

Endlich. Zur Einweihung strahlt ihr Zahn; Wimpel flattern in den Bäumen, Beifall.

Endlich: Das Los wählt den Gewinner –

Kopf runter: Ab. – Und ins Körbchen.

Tief in die Nacht tobt das Fest.

Kaum faßt zur Vorführung noch der Platz alle Gäste, sogar Städter bestaunen unsere Technik.

Nur, im eigenen Dorf – schon höhnen die Besucher.

Denn zusehends verwaisen die Bänke der Bauern: stures Gesindel. – Das uns Kopf und Kragen kostet!

## DER NAME DES GESETZES

Am Rande unserer Stadt, dort wo die Bagger wühlen, haust in einem hohlen Felsen das Gesetz: ein graugrüner Drache mit zwölf Köpfen, wovon einer in jeden Monat des Jahres hineinhängt und aus dem Maul stinkt.

Einige der Alten wollen sich noch an Zeiten erinnern, da man freiwillig zum Gesetz zog, um im Schatten seines Horstes Schutz zu finden vor umherstreifenden Horden. Ja, es wurde so geschätzt, daß Hüter berufen wurden, denen es oblag, das Gesetz zu pflegen.

Das Gesetz ist geschlechtslos: Es vermehrt sich durch Teilung. Das heißt, eigentlich ist es ein Wachstum, das an den Köpfen beginnt, genauer gesagt: an der Zunge, die sich plötzlich längs spaltet und von Stund an verschiedene, nicht selten einander widersprechende Urteile verkündet. – Dieses Dilemma löst sich durch Aufspaltung in zwei Köpfe, die einander naturgemäß feindlich sind. Nur selten bestehen beide längere Zeit nebeneinander. Auch daß sie sich gegenseitig verschlingen, ist denkbar, wenngleich noch nie vorgekommen. In letzter Zeit ermüden sie rasch und erschöpfen sich in Garstigkeiten. Es ist ein Gezeter und Gezänk, daß es die Luft verpestet.

Ein Urteil widerspricht dem anderen; rings um das Gesetz stehen die Säulen derjenigen, die im Gehorsam versteinert sind. Alles, was sich ereignet, geschieht in seinem Namen. – Aber das Gesetz hebt höchstens einmal müde ein Augenlid. Nie erwachen alle Köpfe zugleich.

Wir sind alt geworden, das Gesetz wurde alt: Mit der Starrköpfigkeit der Alten beargwöhnen wir einander. Neue Generationen dienen heute im Namen des Gesetzes. Unsere Stadt will wachsen, ihre Mauern verlassen, die Bagger stehen mit geschulterten Schaufeln. Das Gesetz aber schweigt. Wir wissen nicht einmal, wie wir es ansprechen sollen.

Und wir sehnen und fürchten den Tag, da einer aus der Schar der Geduldlosen aufsteht und den Streit mit einem Streich erledigt. Wir wissen nicht wer. Auch wann es sein wird, wissen wir nicht. Wir wissen nur: Er wird Unrecht heißen.

# DRACHENTÖTER

Jedesmal fand sich das ganze Dorf auf der Straße, wenn vom Feldrain der Ruf eines Kindes herbeilief: „Ein Drachentöter, ein Drachentöter!"

Wie kühn sie einherschritten! Und wie erhaben ihr Blick über unsre Hütten hinwegschweifte, den Bergen zu – den Höhlen dort ... Wie von selbst versickerten da die Worte.

Das ist lange her. Längst sind die wenigen Drachen hingeschlachtet, unsre Erinnerung ist vage: Hat es hier jemals Drachen gegeben?

Allein die enorme Zahl der kreuz und quer übers Land ziehenden Drachentöter spricht dafür. Zwar wurde seit Generationen hier kein Drache mehr gesehen, doch verloren sie, wie es heißt, im Kampf zahlreiche Zähne: Wo diese Saat in den Boden fällt, wachsen, schon jedes Kind weiß das, waffenstarrende Krieger.

Und tatsächlich: Wo immer die Drachentöter auftauchen, finden sie ihren Feind.

## CYRANO

Cyrano de Bergerac; Raufbold, Saufschwein, Hurenbock: verliebt in seine Cousine Roxane – der er, Held der Gascogner, seine Gefühle übrigens niemals gestand –, erdichtete sich allerlei Reisen: nach dem Mond und in die Sonnenstaaten – manchmal auf der Flucht vor seiner Zuneigung, andernteils aus Sehnsucht nach der Angebeteten, der er unter fremdem Namen zärtliche Briefe zuschob.

Sich selbst aber reimte er eine lange Nase an, der er alle Schuld zuschrieb und die Anlaß gab für täglich ein Duell. So schuf er sich Feinde die Masse; und es ist kein Zufall zu nennen, daß ihm ein Balken den Kopf zerschlug. Er selbst aber, seltsam, sah in seinen letzten Stunden darin einen angemessenen Lohn für seine Feigheit, die ihn zwang, ein Held zu sein.

## NARRENNEST

Es ist eine Stadt, da leben die Narren. Kenntlich nicht an Kleid noch Schellen, frönen sie täglich dem Werk ihrer Hände und Hirne. Stolz den Kopf erhoben unter der Kappe, die, sichtbar nicht dem sterblichen Auge, ihre von Sorgen gefalteten Stirnen krönt, sinnen sie auf Mehrung ihres Wissens. Wahrlich, sie sind erwählt. Im Anfang war die Schelle und läutete zur Schöpfung. Und noch immer singen die Klöppel von dieser Zeit, in der Abende samtenen Stunden.

## STUNDE DES SAURIERS

Er betritt, leicht vornübergebeugt, den Saal: kleine Schritte zum Sessel. Er läßt sich nieder. Versteinert.

Kindeskinder und deren Kinder beäugen das Fossil: kaum zu glauben, dieser Urgroßvater! Seine Haut ist fleckig. Selten schwenkt er den Kopf.

Er erzählt: wie die Zukunft aussah in jungen Zeiten. Und wie heute die Saurier viel kleiner sind als damals, in der Kreide ...

Früher glaubten die alten Großen noch, sich die Welt anpassen zu können. – Wir indes wissen: Er ist zum Aussterben verurteilt.

Fröhlich sitzt er jedoch in seinem Sessel. Und überragt alle, der Saurier: Unsicher spenden ihm die Lurche und Kriechtiere Beifall.

## KLEINE ANEKDOTE

Mefisto, der zwar als Schalk, doch für verschlagen galt, hätte wohl niemals eingewilligt, wie ein gemeinsamer Freund mir erzählte, in diese windige Wette, und schon gar nicht um jener erbärmlichen Seele willen, wäre er sich nicht des Sieges sicher gewesen. Und tatsächlich: Ein Blick hätte hingereicht, zu offenbaren, was da die Welt im Innersten zusammenhält, und dieser Gelehrte wäre gekrochen um noch einen Augenblick. Stattdessen Mefisto ihn jedoch kreuz und quer führte und einweihte in allerlei Geheimnisse mit den Jahren – bis auf jenes lediglich, wohl weil darin alle Macht beschlossen: zu Zeugung und Zerstörung, und weil es, bei solcher Gelegenheit auch zu verzichten, eines Genius bedarf, der die Welt erfahren und weit gekommen, kreuz und quer ... – Was Mefisto freilich von vornherein wußte, wie mein Freund versicherte, der zwar ein rechter Schalk war, doch eben kein Narr.

## DAS MACHTLOS

Sein Sessel stand in einer höheren Etage, ungestört vom Tumult der Straße.

Abends war er erschöpft. Doch wenn er zu Hause den Mantel ablegte, dann klebte noch die Macht vom Tage an ihm, ließ sich nicht abwaschen, sondern schmierte nur breit.

Seine schmucke Frau, die er zärtlich begrüßte, erwartete ihn bereits. Bis er eines Tages sah: Was sie begehrte, war nicht er, sondern die Berührung der Macht. Aus ihren Zimmern kamen dann zwei brave Kinder, die er sehr liebte, bis er begriff: Seine Söhne achteten nicht ihren Vater, sondern unterwarfen sich der Macht.

Mit den Jahren bildete die Macht eine durchsichtige, glänzende Schicht auf seiner Haut. Er verlor die frühere Beweglichkeit, das bekannte Lächeln wurde starr. Seine Familie verlegte er auf die unvermeidlichen Feiertage.

Seine Mitarbeiter, die gewöhnlich Witze über ihn machten, aber sonst gehörig Abstand wahrten, bemerkten es deshalb nicht, als die Macht zu einer festen Kruste wurde, daß er seinen Sessel überhaupt nicht mehr verlassen konnte. Bis eines Tages eine Reinigungskraft ihn versehentlich anfaßte: Mit einem Geräusch, als ob Stoff zerreißt, fiel er zusammen, und ein grünlich schimmernder Schleim floß auf den Boden, wo er rasch verdunstete.

## DER SCOUT

Anfangs schob ich es auf die schlimmen Ohren der Verkäuferin, daß ich mit dem Finger auf die Waren zeigen mußte. Viele hatten sowieso falsche Namen. Oder sie verschwanden plötzlich und ließen nur ihren Namen zurück.

Später, zufällig im Kino, fiel mir auf: Ich hatte die Wörter des weißen Mannes verlernt. Ich verstand plötzlich meine roten Brüder dort auf der Leinwand. Ich war ein Apache geworden. Seither weiß ich: Zuerst verschwinden die Namen.

Heute lebe ich mit der Tochter eines Comanchen im Neubau. Wir haben zwischen unseren Stämmen das Kriegsbeil begraben, wir warten. Unsere Kinder lehre ich die Spuren zu lesen, unterrichte sie die Weisheit unsrer Vorväter.

Jeden Morgen fahre ich mit der Bahn zur Arbeit. Und wenn ich zwischen belanglosen Gesprächen sitzend die Zeitung aufschlage – zwar erkenne ich die Buchstaben, lese Wörter und Sätze: aber sie ergeben keinen Sinn. Klingen fremd, wie ein Echo fernen Kriegsgeheuls.

## WEISSE PEST

Gerade aus meinem Labor, träumte ich, war ein Stamm ausgebrochen: kleine gefräßige Monster, wie sich herausstellte, die sofort begannen, Unheil zu stiften: Mein Laborbuch wurde erstes Opfer. Ohne Notizen war ich machtlos, und schon der Morgenwind wehte die Stadtbibliothek über die Dächer.

Was folgte, ist bekannt. Die Stabskarten: für den Staublappen. Ausweise, Vorschriften, Zeitungen – alles alter Dreck. Selbst das Geld zerbröselte in den Stahlschränken. Die Seuche kannte kein Pardon.

Künftige Zeiten werden in den Museen Papierkörbe bestaunen, unbegreifliche Gebilde. Und vor den leeren Regalen der Archive rätseln über diesen Totenkult der Alten. – Leicht und wie befreit erwachte ich, machte mir eiligst Notizen.

## VERSTUMMEN. TELEGRAMM AN ARTHUR RIMBAUD

Gruß ins Land der kurzen Schatten. Bin von Bord gegangen: Europa, das sinkende Schlachtschiff, verläßt seine Ratten. Die Rettungsboote schaukeln auf den Ätherwellen. – Autoren als Ärzte. Sterbehilfe mit dem Stift.

Die Verse legen sich wie Watte auf die Wunden. Was soll'n Gedichte? – Wo man schreiben müßte mit geballter Faust: Jeder Satz ein Schlag.

Ich habe soeben schwarze Ufer betreten. Erwarte mich im Schatten des Mittags am Tage Äquator. Ich bringe Panzerfäuste mit: Schreibzeug für die Poesie des kommenden Jahrhunderts.

## ROTHAUT

Kafka, ich weiß noch, wir träumten davon, Indianer zu werden: zügellos über die fruchtbaren Weiden, quer zum eisernen Strang, auf dem rauchspeiend und keuchend der Mustang der weißen Männer heranstampfte.

Kaum abgestiegen, zerwühlten sie nach schmelzbaren Steinen die Berge. Mancherorts bohrten sie in die Prärie tiefe Wunden, bis das schwarze Blut floß. Dort lassen sie Felsen wachsen, in deren Höhlen sie sich verbergen.

Manchmal, den Skalp trotzig im Wind, schweift mein Blick hinab in den Asphalt-Canyon, wo die eisernen Büffel weiden. Die weißen Männer blasen zur Jagd: ... – Du weißt, Franz, wie es ausgeht.

# THE JERICHO CONCERT: OFFENER BRIEF AN GABRIEL GARCIA MÁRQUEZ

Daß keiner die Noten aufgeschrieben hat, wie Sie behaupten, als Josua mit der Macht seiner Posaunen die Mauern zum Einsturz brachte: Sie irren. Die gesamte Partitur des Konzerts, das seit Jericho angeblich nicht wieder aufgeführt wurde, befindet sich in meinem Besitz.

Josua, das ist bekannt, war ein Virtuose. Tatsächlich bedarf es aber nicht bloß eines geübten Bläsers, der fehlerfrei ein Stück vom Blatt spielen kann: Welche Musik, deren durch ständige Proben mühevolle Entstehung man erleben mußte, sollte noch einen Stein rühren? Wie ein normales Konzert einstudiert und aufgeführt, bleibt es ganz ohne die bekannten Folgen.

Vielleicht, daß Josua die Noten im Kopf hatte, vielleicht, daß ihm die Melodie augenblicklich zufiel: Nur die plötzliche, vom ersten Ton an vollendete Musik vermochte wohl, bis in ihre tiefsten Festen die Mauern zu erschüttern. – Daher fürchten die Mächtigen nicht die Posaunen, wohl aber den Kompositeur.

## VERMÄCHTNIS

Aufwärts den Hang noch immer: die Hände gestemmt gegen den Stein, welchen wir, verpflichtet dem Treiben unseres Ahnen, zum Gipfel wälzen, wo er zu Tal fährt, gefolgt von unseren Flüchen. Doch vom steten Weg übern Hügel abgewetzt, ist absehbar schon der Tag, da nur Sand noch unsere Finger fassen beim erneuten Besteigen des Berges: in scheinbarem Schweiß, die Nägel gekrallt in den Wind.

# ARCHÄOLOGIE

Lexika schweigen sich aus: Kunst, Krieg und Küche füllen die Seiten; Museen, vollgestopft mit Skulpturen und Scherben: Hüllen ohne Inhalt; Dichter, Feldherren, Philosophen – zur Unsterblichkeit versteinert. Blöcke im Karst unserer Kultur, betrachtet aus der Ferne verschwimmen sie zum Massiv.

Dazwischen aber klaffen gewaltige Schluchten und Täler – ausgespült von jenem Wasser, das unsere Werke immer wieder leblos unschuldig wäscht. – Obwohl also von großer formender Kraft, entzieht sich doch jeder Beschreibung und ist nur nachweisbar am Wirken: die Geschichte des Vergessens.

# PRIMATENHAUS

## LAWINE

Zorniges Grollen: Unaufhaltsam walzte sich der Berg durch die Straßen, über die Kreuzung – den Propheten zu, die sich vor dem unvorhergesehenen Ereignis ins Allerheiligste geflüchtet hatten.

Offenbar, es waren, soviel mußte eingestanden werden, Fehler gemacht worden: Man hätte beizeiten zum Berg gehen sollen! Was aber, wenn trotzdem ...? – Bis auf weiteres konnten Gebete nicht schaden. Welcher Glaube denn sonst sollte den Berg zurück versetzen können an seinen Platz?

Seither warten wir am Fuße des Hügels. Der Verkehr staut sich. Doch noch hat sich nichts bewegt. Auch ist bisher keiner der Propheten wie üblich am Hang erschienen.

Tatsächlich begann sich alsbald der Hügel zu regen: Gras sproß. Und schon bald war der Berg der beliebteste Spielplatz mitten in unserer Stadt.

## MÜNCHHAUSEN-PRINZIP

Rucken und zerren: Verfahrn ist der Karren und knietief im Dreck, doch lässiger Geste verjagt er die lästigen Helfer – frisch fassen des Kutschers Hände die versackenden Räder: seine Stiefel gestemmt in den Modder, unterm Hemd gespannt die verläßlichen Muskeln; bedeckt bald von Schweiß und Schlamm, welcher sich schließt um ihn und über seinem Kopf schließlich, der doch hoffte bis zum Schluß, daß sich wiederhole das Wunder jenes Tages: da am eignen alten Zopf einer sich zog aus dem Sumpf.

## DER BAU

Wir bauten. Ebenbürtig der Natur. Zwar wußte anfangs noch keiner, wie es aussehen sollte – aber daß es ganz einzigartig (manche meinten: ein Palast) werden würde, war gewiß: Beim Bauen wird der Plan.

Eifrig begannen wir, Gänge und Gemächer um uns herum zu mauern, Treppen zu höheren und tieferen Etagen. Die Säulen gleichen Stämmen hoher Bäume, Blumen und bunte Tiere verzieren die Wände: wie Wälder aus Stein und Farbe. Man sieht den Bau vor lauter Wänden nicht.

Noch hängt uns die Hoffnung auf einen Ausgang wie ein Stein am Hals. Vielleicht gibt es kein Draußen mehr. Aber alles, was Menschen gebaut, ist offen nach oben: Vielleicht müssen wir allen Boden aufgeben unter den Füßen, uns kopfüber hinabstürzen in die Wolken. Vielleicht wachsen uns Flügel.

## SCHLÜSSEL

Von der Klingel zur Klinke und über die Schwelle zu treten ins Zimmer, bevor ins Schloß schlägt die Tür, doch nicht verschlossen und keinem den Zutritt verwehrend, auf ein Wort und auf ein Glas, nicht zwischen Angel nur und Tür, die sich abweisend gibt, daß der Mut sinkt, den Fuß zu setzen, die Hand zu erheben, und verzagt schließlich der Schritt sich abkehrt, obgleich in ihrem Rahmen, jeden Einlaß sperrend scheinbar, die Tür doch nur ruht, bis endlich den Weg einer wagt: von der Klingel zur Klinke und über die Schwelle.

## BEDROHUNG

Fast ist vergessen, wer das Schwert ins Gebälk unseres Hauses hängte, einige behaupten, es befände sich schon immer dort, warum aber und zu welchem Zweck, ist ihnen unbekannt, vielleicht, daß ein betrunkener Maurer es vergaß, trösten sie uns, denn es ist nicht zu erreichen, zu hoch hängt das Schwert, die Leitern erreichen es nicht, zu kurz noch sind unsere Arme, fast gehört es zu unserem Haus, unbeachtet und nur von Fremden noch mit Verwunderung betrachtet; manchmal freilich fürchte ich, der dünne Faden, zerfressen vom Moder, könnte reißen und das Schwert niederstürzen, zwischen uns, die wir ahnungslos scheinen, wie ein Urteil aus heiterem Himmel.

## SOHN DER ANGST

Wir, meine Geschwister und ich, sind aus einfachem Hause: Mutter war eine Magd der Macht; Vater, der Gehorsam, erzog uns in seinem Geiste: mich, Drill, und Trotz, meinen Bruder, den mißratenen Sohn der Familie. Er hat es zu nichts gebracht. Ich hingegen habe meine Talente geübt, bin heute ein geachteter Bürger. Am erfolgreichsten aber, kaum konnten sie sich aller Anträge erwehren, waren unsere Schwestern, die Ängste.

## ANTIMENSCH

Der Antimensch hat montags schlecht geschlafen, starker Kaffee ermuntert ihn nur mäßig. Er putzt sich die Zähne und benutzt ein Deodorant. Dann verläßt der Antimensch hastig seine Behausung und begibt sich zur Arbeit, wo er die Zeit bis zum Abend verbringt. Heimgekehrt, liest der Antimensch eine Zeitung und sieht sich im Fernsehen die Serie an. Das wiederholt sich mit unwesentlichen Änderungen. Am Wochenende widmet sich der Antimensch einem Hobby. Oder er geht in die Natur, manchmal in Begleitung einer kleinen Gruppe, die er Familie nennt. Montags hat der Antimensch schlecht geschlafen.

## PALAVER

Im Anfang war das Wort. Und das Wort lag auf der Zunge. Quoll und schwoll und schmatzte und schwatzte: So ward aus Zunge und Wort das erste Gewäsch. Alle Dinge sind durch dasselbige gemacht und ohne dasselbige ist nichts gemacht, was gemacht ist.

Das Gewäsch aber schwafelte ins Leere. Und war keiner, der es vernahm. Also ward von Holz eine Höhe und um die Höhe ein Raum. Es war dies die erste Rede. Und die Rede war in aller Munde: Alles Volk kaute sie durch und wieder – und hieß das eine Zeitung.

Selbige ward des Menschen Stimme. Und erhob sich wortgewaltig wider den Wirrwarr, und war eine Stimme für alle Stimmen; aber sie wetzten auch fürder die Zungen: Da ward einem jeglichen das Wort aus dem Munde genommen. Und sie nannten es Gespräch. Und sahen, daß es gut war.

## HAMLETS ENKEL

„Die Welt ist aus den Fugen!", da ächzt der Tisch, als die Faust aufs abgeschliffene Holz knallt, daß aus den Seideln das Bier schwappt; betroffenes Nicken bestätigt: die Zeiten sind kläglich wie der Klare im Glas und unfähig die Wirte, sie richten zu Schand jede Schenke.

Auch ist nicht so blumig mehr das Bier und bitter sind die Mienen um den Tisch: „Es ist was faul!", darauf kreisen die Krüge, das Vertrauen auf den Schenk sinkt mit dem Suff: Der zapft zuviel in die eigene Börse.

Gewichtiger Geste wird der Schaum gewischt von der Schnauze: Dem zahlen wir noch die Zeche heim, ein erschüttertes Schlucken überkommt die verschworenen Trinker, „Schmach und Gram!"

## VORFÜHRUNG

Kaum da sich gehoben der Vorhang, ziehen in ihren Bann uns die Bilder: Schon biegt sich zum Sattel der Sessel, dahinpreschend über rauhe Weiden. – Sicher führen unsere Hände die Zügel an der Seite des haltlosen Helden: auf ihn fällt unsere Gunst; doch wie wir auch bangen um sein Geschick, vollstreckt sich doch das Schicksal gnadenlos, verhängt durch den Streifen, dessen Abglanz sich spiegelt nach Ablauf in unseren Gesichtern, allabendlich, verfallen jenem Leben aus der Büchse, dessen Schein für bare Münze käuflich ist an der Kasse.

## EDEN

Gesättigt jegliche Gier: kaum gewünscht, deckt schon Gebratenes die Tafel. Frei allen Verlangens ergehen wir uns in müßigen Gängen – fern daher ist uns der Drang in die Fremde, wissen wir doch gesichert allzeit Wein und Weib. Wahrlich: Wunderhaft erfüllen sich alle Wünsche! Und doch kommt zuweilen, zwischen Becher und Bett, über uns gleich einer Versuchung jener verruchte Hunger nach Hunger.

## ZEITBOMBE

Wer sie versteckt und geschärft hat, ist ungeklärt, und nachts nur vermögen in ihrem Inneren die Schlaflosen das beängstigende Hämmern der Unruhe zu vernehmen, die auch für sie einmal abläuft.

# ER

Was knarrt in den Wipfeln? Rauscht was im Gebälk? Angstweit starren die Fenster. Manchmal hören wir ihn: ein fernes Grollen. Manchmal spüren wir ihn, seinen heißen, dampfenden Atem.

Wachsam streifen wir durch die Stadt. Niemals haben wir ihn gesehen. Nur Spuren hier und da: geknickte Bäume, rauchgeschwärzte Mauerstümpfe, manchmal bebt unter seinen Tritten der Boden. Bedrohlich schweigt die Nacht.

Fast scheint es, er scheut unsere Angst. Anfangs begehrten Hitzköpfe auf, riefen nach Waffen: Zu groß aber, bremsten sie die Besonnenen, ist seine Macht.

Und, obzwar schier unerträglich, schützt uns vielleicht diese Unbill vor größerem Unglück. – Unsere Kinder zumindest lehren wir, damit zu leben. Wie selbstverständlich sehen sie das verödete Land.

Früh schon nehmen wir sie mit, wenn die Wachen in Rufweite durch die Straßen streifen. Stets gefaßt, seit er über uns kam, hinter jeder Ecke, auf die Begegnung: den sanften, erlösenden Stoß.

# DER MANN, DER MIT BLICKEN TÖTEN KONNTE

Er war eine Gefahr. Für uns alle. Was hätte nicht alles passieren können!

## IKARUS' TOD

Wilde Gerüchte wucherten alsbald um den Vorfall und die Flügel, welche aus getöntem Wachs waren, was Ikarus auch nicht bemerkte, als ein vermeintlicher Freund das Gerät in seine Zelle schmuggelte; um jenen Vorfall also, der amtlich kurz vermerkt wurde mit den Worten: „Auf der Flucht abgestürzt."

## SELEKTION

Der Spiegel steigt: Die Flüsse springen aus den Betten! Schon steht uns das Naß am Nabel.

Denn leck sind längst die verlotterten Dämme, und ratlos der Rat: Keiner fühlt sich befugt! Der Vorsitzende floh in die Ferien.

So trotzen wir vorerst dem Wasser durch Abwarten, doch stehen die Fahnen weiter auf Sturm.

Schon verkehrt die Fähre durch die Stadt, der Schiffer verhökert die Planken. Schließlich weichen die Deiche.

Doch schlägt auch über die Köpfe der Schwall: Uns wachsen Schuppen und Flossen.

## CRUSOE, DER VERSAGER

Alle erreichten das Ufer. Milder Wind trocknete über Nacht die Kleider. Hunger weckte sie am anderen Morgen. Obwohl ihre Muskeln noch schmerzten, betraten sie forsch das ungeheure Grün.

Gezeter hob an in den Wipfeln. Fremdes Geschlinge wand sich um die Knöchel der Reisenden – verzagt kehrten sie bald ihren Schritt. Spähten am Strand: kein Fass, keine Kisten. Doch die empfindsamen Mägen meuterten.

So schickten sie Crusoe, den Trottel, der selbst bei schwerer See das Deck schrubben mußte, nach Genießbarem. Und während sie die reichlichen Früchte hinunterwürgten, gedachten wehmütig die Gestrandeten ihrer fernen Tafeln. Der seidenen Betten. – Immer öfter wanderten die Blicke zum Horizont: Standen nicht deutliche Umrisse dort gegen den Azur? Schemen mächtiger Schiffe?

Kühn entschlossen warfen sie sich in die Wellen. Nur Crusoe blieb zögernd zurück und beobachtete noch einige Zeit die Schwimmer.

## SEGELN

Deutlich sichtbar, wir sitzen im gleichen Boot und halten das Ruder fest in der Hand.

Beiläufige Gedanken begleiten unsere Bewegungen, träge, den biergefüllten Bauch gestreckt auf die Planken.

So treiben wir dahin, folgend den Wendungen des jeweilig wehenden Windes.

## SENSATION

Schieben und Stoßen. Weither angereist, drängt sich die Menge um den noch leeren Käfig in Erwartung des Ereignisses.

Von Wildmenschen wird gesprochen, lange gesuchter Beweis der menschlichen Herkunft vom Affen, harmlos im Aussehen und furchtsam, aber unberechenbar und gefährlich in der Herde.

Keine Grenzen kennt der Andrang, raufend und tretend schieben sich in die vorderen Reihen immer neue Gruppen begieriger Gaffer.

Und während wachsender Spannung hat vor dem leeren Käfig sie unbeachtet längst begonnen, die Sensation.

## DIE BESTIE TRÄUMT

Vier Schritte längs, zwei Schritte die Quere, bis zum Himmel die Stäbe, die mich schützen. Besucher, die lange Reisen nicht scheuen, strömen mir zu; doch hält sie mein kühler Stolz auf Distanz.

Ab und an bequeme ich mich zu einer Runde. – Seht: meine federnden Schritte. Seht: mein glänzendes Fell. Ich bin, also sind Schönheit und Kraft.

Meist aber ruhe ich in einer Nische. Vielmehr, ich täusche Schlaf vor, um meine Gäste nicht durch den erhabenen Anblick zu demütigen.

So müßte es bis zum Ende der Zeiten gehen. Aber ich weiß: Einmal wird ein Wächter hinterhältig den Riegel vergessen. Dann muß ich hinaus.

Mit einem Satz das Gatter sprengen und – ich höre schon den hellen, vielkehligen Schrei – meine weißen Zähne in eine blonde Schulter schlagen, daß das rote rote Blut spritzt ...

# NACHSATZ

Texte aus dreißig Jahren: Betrachtungen im Menschenpark, dessen Regeln von allen großen Rätseln eines der schönsten, schrecklichsten sind ...

Anekdoten, Parabeln, Skizzen über die Eigenarten dieses skurrilen Wesens, dem nur selten anzumerken ist, was es als nächstes im Schilde führt. – Ein Nachlaß zu Lebzeiten.

Olaf Trunschke, geboren 1958 in Radebeul bei Dresden, war Chemiker, später Lektor, Werbetexter und Verleger. Heute arbeitet er als Designer digitaler Medien und als Dozent. Außer Prosa veröffentlichte er bisher vor allem Aphorismen und Gedichte. Der Autor lebt in Berlin.

# INHALT

Zoo 6

## FREIGEHEGE

Der unglückliche Engel 9
Odysseus: Held ohne Halt 10
Traummeuterei 11
Deutsche Ikarus 12
Lilienthals Flugversuch 13
Villons Testament 14
Das Bergwerk 15
Psalm 4711. 16
Trinken mit Trakl 17
Robinson: Nr. 3 18
Kursbuch 19
Magalhaes 20
Logbuch 21
Mahlstrom 22
Goldwäscher 23
Utopia 24
Die Ulysser 25
Atlas 26

EXOTENSCHAU

Legende 29
Das Haus am Rande der Sprache 30
Kafka und die kleinen Tiere 31
Der Gulumbo 32
Eine Rache. Die Wahrheit über Bram Stoker 33
Nibelungen: Ende. 34
Kriminalstück 35
Kabinettstück 37
Guillotine 38
Der Name des Gesetzes 39
Drachentöter 41
Cyrano 42
Narrennest 43
Stunde des Sauriers 44
Kleine Anekdote 45
Das Machtlos 46
Der Scout 48
Weisse Pest 49
Verstummen. Telegramm an Rimbaud 50
Rothaut 51
The Jericho Concert: Offener Brief 52
Vermächtnis 53
Archäologie 54

PRIMATENHAUS


| | |
|---|---|
| Lawine | 57 |
| Münchhausen-Prinzip | 58 |
| Der Bau | 59 |
| Schlüssel | 60 |
| Bedrohung | 61 |
| Sohn der Angst | 62 |
| Antimensch | 63 |
| Palaver | 64 |
| Hamlets Enkel | 65 |
| Vorführung | 66 |
| Eden | 67 |
| Zeitbombe | 68 |
| Er | 69 |
| Der Mann, der mit Blicken töten konnte | 70 |
| Ikarus' Tod | 71 |
| Selektion | 72 |
| Crusoe, der Versager | 73 |
| Segeln | 74 |
| Sensation | 75 |
| | |
| Die Bestie träumt | 77 |
| Nachsatz | 79 |

## DER BRANDENBURGER TOR
Olaf Trunschke

Über Berlin wird viel geschrieben. In Berlin wird viel geredet und geschrieben: Kluges und Närrisches. Für manche Berufe scheint Narretei die beste Empfehlung. – Was aber sähe ein berufener Narr, ginge er heute mit dem Narrenschiff in Berlin vor Anker?

Dieses satirische Berlin-ABC erkundet in 68 Texten und 7 Bildern aus diesem Blickwinkel die Stadt.

»Eine ganz vorzügliche Schimpfkanonade auf meine Heimatstadt.«

Günter J. Matthia (Amazon)

## DIE GEOMETRIE DER TRÄUME

Olaf Trunschke

»Jedesmal, wenn ich mittags in die Tonne kam, saß Diogenes schon in seiner Ecke, vor sich die leere Tasse, und wartete, daß ihm jemand den nächsten Kaffee bezahlen würde.«

Die Geschichte einer Freundschaft, eines Scheiterns und einer versunkenen Stadt.

»Die Geometrie der Träume macht beim Lesen grossen Spass. – Die Griechen leben auf, wenn Sie sie dichten. Ich rieche die verrauchten Kneipen, in denen Sie und ich einst denken lernten, bevor der Staat uns alle Freiheiten Athens verbot.«

Friedrich Kittler

»Ein bezauberndes Stück Lebensgefühl-Philosophie: geistreich, witzig, poetisch, unterhaltsam – bisweilen sogar weise.«

philosophers today

Bibliographische Information
der Deutschen Bibliothek: Die Deutsche
Bibliothek verzeichnet diese Publikation in der
Deutschen Nationalbibliographie:
http://dnb.ddb.de

1. Auflage

Gestaltung und Satz: Olaf Trunschke
Lektorat: Katrin Greiner
Druck: BoD GmbH, Norderstedt
ISBN 978-3-86157-120-9

www.amokbooks.de